BEAUX MANUSCRITS

Arabes, Turcs et Persans

A ENLUMINURES

MINIATURES PERSANES ET INDO-PERSANES

PEINTURES CHINOISES ET JAPONAISES

Papyrus Égyptien

OBJETS D'ART JAPONAIS ET CHINOIS

Étoffes Japonaises

COMPOSANT

UNE COLLECTION PARTICULIÈRE

DONT LA VENTE AURA LIEU

Le Mardi 9 Mai 1899

HOTEL DES COMMISSAIRES-PRISEURS, RUE DROUOT

SALLE N° 8

A 2 heures précises

Exposition de 1 heure à 2 heures

Mᵉ FERNAND COUTANCEAU
Commissaire-Priseur
7, Rue Sainte-Anne, 7

M. ERNEST LEROUX
Libraire-Expert
28, Rue Bonaparte, 28

IMP. CAMIS ET Cie, PARIS. — SECTION ORIENTALE A. BURDIN, ANGERS

BEAUX MANUSCRITS

Arabes, Turcs et Persans

A ENLUMINURES

OBJETS D'ART ET PEINTURES

de l'Inde, du Japon et de la Chine

COMPOSANT

UNE COLLECTION PARTICULIÈRE

CONDITIONS DE LA VENTE

La vente sera faite au comptant.

Les adjudicataires payeront cinq pour cent en sus des enchères.

L'exposition publique préalable mettant les amateurs à même de se rendre compte de l'état et de la nature des objets à vendre, aucune réclamation quelconque ne sera admise, une fois l'adjudication prononcée.

L'expert se réserve la faculté de rassembler ou de diviser les lots.

Il y aura Exposition de une heure à deux heures, avant la vente.

M. Ernest **LEROUX** se chargera des commissions des personnes qui ne pourront assister à la vente.

BEAUX MANUSCRITS

Arabes, Turcs et Persans

A ENLUMINURES

MINIATURES PERSANES ET INDO-PERSANES

PEINTURES CHINOISES ET JAPONAISES

Papyrus Égyptien

OBJETS D'ART JAPONAIS ET CHINOIS

Étoffes Japonaises

COMPOSANT

UNE COLLECTION PARTICULIÈRE

DONT LA VENTE AURA LIEU

Le Mardi 9 Mai 1899

HOTEL DES COMMISSAIRES-PRISEURS, RUE DROUOT

SALLE N° 8

A 2 heures précises

Exposition de 1 heure à 2 heures.

M⁰ FERNAND COUTANCEAU   M. ERNEST LEROUX
Commissaire-Priseur   Libraire-Expert
7, Rue Sainte-Anne, 7   28, Rue Bonaparte, 28

MANUSCRITS

ARABES, PERSANS ET TURCS

A ENLUMINURES

1. LE CORAN. Magnifique manuscrit provenant d'une mosquée. Écrit par le calligraphe Abdallah Çaïrafi le second et terminé en Ramazan 1002 de l'hégire (avril 1594). Volume in-folio dérelié. Il débute par trois pages de la plus grande richesse. A la page 4, le texte commence, précédé par un admirable entête polychrome. Chaque ligne du manuscrit se détache sur un fond d'or parsemé de fleurettes rouges et bleues. — Les marges sont décorées d'un nombre infini de cartouches peints et dorés, d'un style analogue à celui des têtes de chapitres qui se multiplient surtout à la fin du manuscrit, dont la deuxième page est encore un chef-d'œuvre d'ornementation. Sauf une petite déchirure au bas du premier feuillet, l'ensemble de ce beau manuscrit est d'une conservation remarquable.

2. LE CORAN. Superbe manuscrit du XVIIe siècle, d'une écriture très nette et très élégante. Les deux premières pages sont richement enluminées d'encadrements en couleur, décorées d'entrelacs en or et en couleurs. Les sourates sont notées par de gros points dorés et les chapitres séparés par des ornements du même style que les encadrements du commencement. Chaque page est encadrée dans un triple filet or et bleu, et décorée de fleurons polychromes dans les marges. Format petit in-4, reliure orientale à recouvrement en maroquin rouge avec gaufrures en noir et filets dorés ; tranches décorées d'ornements peints.

3. LE CORAN. Les principales sourates, suivies de prières diverses.
— Manuscrit arabe en grosse écriture, décoré de nombreuses
têtes de pages peintes et dorées, dans une belle reliure à recouvrement et à compartiments dorés. A la fin du manuscrit se
trouvent treize pages peintes, l'une avec le nom d'Allah, l'autre
avec le nom de Mahomet en lettres d'or sur fond bleu, les trian-
gles de Salomon, des pages pour la divination et les sorts.
Le tout encadré dans une ornementation très variée et très
soignée.

4. LE CORAN. Joli petit manuscrit à couverture peinte et laquée.
Très beau spécimen de calligraphie microscopique exécuté en
Perse. Les deux premières pages sont encadrées dans une riche
décoration rouge et or.

5. FRAGMENT DU CORAN. Petit manuscrit relié en cuir brun.

6. LE SHAH NAMÈH, LIVRE DES ROIS. Le grand poème épique de
Firdousi. Manuscrit persan à 4 colonnes, en écriture ta'lîq. In-
folio, reliure orientale à recouvrement, ornements à froid.
Manuscrit soigné mais avec quelques mouillures et quelques
raccommodages. La moitié de la première page a été déchi-
rée dans sa longueur et manque.

> IMPORTANT MANUSCRIT ANCIEN DÉCORÉ DE CENT MINIATURES à mi-
> page. — Ces curieuses peintures représentent des intérieurs princiers, des
> chasses au sanglier, au lion, au tigre, de terribles luttes corps à corps,
> des scènes de carnage, des combats contre des monstres et des animaux
> fantastiques, etc. Elles sont fort intéressantes pour l'étude du costume,
> des armes, des instruments de musique, des harnachements de chevaux,
> de la décoration intérieure et de l'ameublement des palais, etc. Dans
> quelques-unes, les figures ont été grattées par quelque musulman fana-
> tique. L'ensemble n'en constitue pas moins un curieux et précieux docu-
> ment tant au point de vue artistique qu'au point de vue de l'histoire des
> mœurs et du costume dans la Perse ancienne.

7. LE SHAH NAMEH de Firdousi. Beau manuscrit à quatre colonnes dans un double encadrement de filets bleu, rouge et or.
Les deux premières pages offrent un riche décor d'entrelacs
polychromes. Les têtes de pages en or et en couleurs sont nombreuses, ainsi que les ornements dans lesquels sont inscrits les
titres des diverses parties du poème. Le manuscrit, qui comprend
les quatre premiers livres du poème, est en outre décoré de
quarante-neuf miniatures curieuses, d'un style un peu rude,

avec des fonds vert, rose, lilas, bleu. L'artiste s'est complu à
peindre des chevaux; presque toutes ses compositions nous en
présentent, quelquefois par dizaines. La couverture est un beau
spécimen de l'art de la reliure en Perse. Elle est peinte à fleurs
sur fond doré et laqué, et à l'intérieur de personnages et d'oiseaux dans des cartouches réservés au milieu d'un fond rouge à
fleurettes d'or.

8. KHAMSÉ-I NIZAMI. ŒUVRES COMPLÈTES DU SHEIKH NIZAMI.
Manuscrit daté de 896 A. H. (1490), format in-4, reliure peinte
à fleurs.

> Cet admirable manuscrit provient de la collection de M. de Gobineau.
> Le texte sur quatre colonnes, en élégant ta'liq, est l'œuvre d'un habile
> calligraphe du IXᵉ siècle de l'hégire. Il est encadré de filets or et bleu et
> parsemé d'ornements, d'entrelacs, de têtes de pages du plus beau style.
> Il est, en outre, décoré de cinquante-quatre miniatures charmantes, les
> unes en pages pleines, les autres à mi-page, presque toutes en excel-
> lente conservation et de l'exécution la plus soignée
> Les cinq poèmes de Nizami qui composent ce manuscrit sont :
> 1º L'*Iskender Nameh*, ou Poème d'Alexandre, racontant les exploits fabu-
> leux du héros et sa lutte contre Gog et Magog; 2º *Makhzan ul-Asrar*, le
> Trésor des secrets; 3º *Medjnoun et Leïla*, deux amants non moins célèbres
> pour leur fidélité et leur constance que pour leur chasteté. 4º *Khosrau et
> Schirin*, deux autres amants; 5º *Heft Peïker*, recueil de contes.

9. KHAMSÉ-I NIZAMI. LES POÈMES DE NIZAMI. Superbe manuscrit en belle écriture ta'liq, de format in-4, relié en maroquin
vert, 600 pages à 4 colonnes dans des encadrements bleu et or,
nombreuses enluminures et peintures remarquables.

> Le premier poème est décoré de deux pages peintes et dorées.
> Le second poème commence par deux pages décorées de riches ara-
> besques et d'entrelacs peints et dorés, du plus beau style. Il est en outre
> illustré de huit compositions dont sept d'un aspect tout particulier. Ces
> pages, d'un beau dessin et d'une exécution soignée, sont peintes chacune
> dans une tonalité différente. noire, dorée, verte, rose, bleue, jaune,
> blanche, avec des allures d'émail, des tons de porcelaine ou de laque,
> qui rappellent les procédés des miniaturistes japonais de l'Ecole de Tosa.
> Les têtes des personnages, peintes à la gouache, ajoutent encore à cette
> ressemblance. Toutes représentent un jeune prince, le héros du poème,
> dans d'élégants intérieurs, au milieu de femmes faisant de la musique,
> préparant des mets délicats, et partageant ses plaisirs.
> Le troisième poème est orné de deux pages richement enluminées
> et de huit peintures.
> La fin du manuscrit contient encore six pages ornées d'entrelacs et
> sept peintures.

10. YOUSSOUF ET ZOULÉIKHA, poème de Djami. Manuscrit
daté de 950 de l'hégire (1543), calligraphié en nesta'liq par

Chah Mahmoud Nichapouri. Format in-8, relié en cuir rouge.
Il est décoré de plusieurs jolies miniatures, mais a malheureuse-
ment souffert de l'humidité.

11. LE DIWAN DE HAFIZ. Charmant manuscrit du xviie siècle,
de l'exécution la plus soignée. L'écriture en nesta'liq est l'œuvre
d'un calligraphe élégant. Chaque vers est entouré d'entrelacs
d'or, et chaque page d'un double encadrement or et bleu. L'ornementation des deux premières pages offre un riche spécimen
de l'art de l'enluminure en Perse. La reliure est aussi un chef-
d'œuvre ; elle est à l'intérieur peinte à fleurs avec encadrements
de poésies, et, à l'extérieur, peinte et laquée d'ornements dorés
et de fleurettes du meilleur effet. Les tranches sont peintes et
dorées. Ce précieux manuscrit est enfermé dans un étui mo-
derne.

12. RECUEIL DE POÉSIES PERSANES et d'historiettes en vers
de divers auteurs. Superbe manuscrit du xvie siècle, de format
in-8, relié en cuir gaufré et doré. Ce manuscrit se compose de
184 pages, dont chacune est un véritable modèle de calligraphie
et d'ornementation. Les marges sont peintes, et tout l'ensemble
offre une variété de décor d'un intérêt exceptionnel. On y
trouve, en outre, quinze miniatures finement peintes, parties
de plaisirs dans des intérieurs somptueux, scènes de chasse, etc.
La première nous montre l'Ascension de Mahomet au ciel, et
la dernière un poète agenouillé devant une noble dame à la-
quelle il présente son œuvre.

13. Manuscrit de grand format in-folio en belle écriture ta'liq dans
de larges encadrements dorés. Superbe reliure en cuir noir à
compartiments gaufrés et dorés en plein et doublée à l'intérieur
de cuir rouge avec compartiment bleu et or. Le manuscrit
est daté de 1099 (1688). Il se compose de deux parties :
1° Louanges d'un vizir, en prose ; 2° Poème en l'honneur d'une
campagne de Sultan Sélim. Il est orné de neuf peintures très
intéressantes. Ce sont des scènes de la vie turque, finement
dessinées. La première nous montre les portraits d'un vizir et
de ministres assis dans un jardin ; au fond, une salle du Palais
avec dix-huit personnages. Nous trouvons ensuite une audience
du Sultan, et une série d'audiences chez le vizir. La première où

sont groupés une vingtaine de personnages, parmi lesquels une femme et des enfants, est une page curieuse, qui offre plus d'une analogie avec nos miniatures du xve siècle.

14. LES PORTRAITS DES SULTANS, avec notices en prose et en vers. Manuscrit turc du xvII^e siècle, avec vingt-deux peintures assez rudes représentant des sultans depuis Orkhan jusqu'à Mustapha II. Format in-8, condition médiocre, reliure en cuir brun gaufré. En un étui.

MINIATURES

PERSANES ET INDO-PERSANES

15. Le bain. Une jeune princesse, parée de précieux bijoux, se baigne dans une rivière qui coule à travers un admirable paysage. Trois femmes assises sur les deux rives chantent et fument le narghileh, à demi devêtues. Très belle pièce.

16. Halte de chasse. — Un prince mongol, entouré d'une dizaine de personnages de sa Cour, prend une collation sous un arbre. Pièce d'un très beau dessin, rehaussé seulement de premiers tons d'aquarelle et de quelques touches d'or. Riche encadrement. Au verso, une inscription.

17. Un Radjah, le buste nu, tenant un faucon sur le poing. Il est couché sur une terrasse d'où l'on découvre un horizon de collines et, au fond, les murailles blanches d'une ville.

18. Quatre peintures de petit format. Portraits en pied.

19. Combat de chameaux. — Lion étranglant un chameau. Peintures en grisaille.

20. Une princesse et sa suivante sur une terrasse au bord d'un lac où se reflète la lune qui éclipse le soleil dans un ciel noir.

21. Quatre miniatures. Trois portraits de princes et Chah Abbas donnant une audience.

22. La collation. Dames sur une terrasse dominant un jardin.

23. La lecture. Un gros personnage sur un trône et quatre femmes lisant.

24. L'empereur Chah Djehan, assis près d'une fenêtre de son palais, reçoit la communication d'un envoyé qui vient d'entrer dans la cour avec son escorte. Un secrétaire prend des notes.

25. Musiciennes donnant une sérénade à un ermite.

26. Halte de chasse. Peinture à tons éteints.

27. Deux femmes couchées sous un dais, sur une terrasse au bord de la rivière.

28. Deux dames apportant des présents à une pauvre femme accroupie contre un arbre. Fond de paysage.

29. Faucon sur un perchoir.

30. Un lion encadré dans de beaux dessins calligraphiés. Inscriptions au verso.

31. Une chasse. Peinture à l'état d'ébauche. Curieux costumes de femmes.

32. Une dame présentant une coupe de vin. Dessin au trait. Au verso, belle inscription.

33. Personnage accroupi. Dessin au trait. Au verso, inscription à l'encre d'or sur fond noir.

34. Jeune femme aux seins nus, aux doigts teints de henné, présentant une coupe.

35. Jeune femme rentrant dans son appartement, effrayée par un éclair qui sillonne le ciel noir.

36. Scène d'amour. Peinture d'un joli dessin dans un encadrement.

37. Portraits de deux éléphants célèbres. — Éléphant fantastique dont le corps est composé de toutes sortes d'animaux. Il est conduit par des diables.

38. Trois miniatures. Jeunes femmes.

39. Quatre dames venant visiter un ermite. Pièce au trait avec quelques rehauts d'or.

40. Un prince et un musicien. Au trait.

41. Une femme occupée à traire une chèvre, près d'une tente. Esquisse.

42. Quatre femmes et deux enfants près d'une maison.

43. Trois femmes agenouillées sur un tapis dans un jardin. — L'ivresse. Jeune couple ayant abusé du vin de Chiraz.

44. Deux curieuses peintures, imitations de gravures européennes. Ces pièces, d'une exécution très soignée, représentent l'une : un jeune Espagnol jouant de la guitare; l'autre, la Visitation, dans le style des maîtres italiens.

45. Un cheval, peint au henné.

46. Deux portraits en buste. Une dame en costume français du xvi₁ siècle et un homme casqué en costume de théâtre. Au verso, deux belles inscriptions sur fond d'or.

47. Chasse dans les montagnes. Charmante miniature dans un très riche encadrement polychrome doré. Cette peinture ressemble à une miniature de missel du xvi siècle.

48. L'empereur Chah Abbas recevant le Hadji de la Mecque. Belle composition à dix-huit personnages dans un encadrement à fleurs serties d'or. Les figures des personnages sont rendues avec un soin tout particulier. Ce sont autant de portraits fort expressifs.

49. Un ermite dans la montagne servi par sept anges. Peinture soignée.

50. Sept ministres réunis en conseil. Personnages en costumes blancs. Détérioré.

51. Une princesse dans un jardin. Près d'elle trois musiciennes et deux suivantes. Peintures d'une allure singulière et fort curieuses. Au verso, une page de calligraphie dans un très riche encadrement d'un beau style.

52. Daniel dans la fosse aux lions.

53. Combat d'éléphants. Pièce curieuse. Les personnages et les animaux se détachent sur le terrain qui monte, formant un fond vert, jusque dans le haut de la composition.

54. Jeune prince se livrant au plaisir au milieu d'une vingtaine de femmes. La scène se passe dans un parc.

55. Une dame à sa toilette surprise par un cavalier qui passe sur la route.

56. Trois femmes implorant les prières d'un fakir pour un personnage étendu sur le dos et qui semble avoir été grièvement blessé dans un combat récent.

57. Chasses et combats. Peintures bizarres qui semblent caricaturer quelques grands personnages.

58. Inscriptions encadrées au recto et au verso d'une même planche.

59. Deux peintures dans un même encadrement : Portrait de l'ingénieur qui construisit le pont de Djoupore. — Une bayadère dansant.

60. Deux portraits du prince Chir Efkem-Khan Behadour, à gauche

debout, en costume vert broché d'or ; à droite assis sur un trône, dans un jardin, et fumant le narghileh. Belles inscriptions sur fond d'or, au verso.

61. Portraits des princes Djehangir et Alemgir, deux des plus illustres souverains de l'Inde. Belles inscriptions décoratives, au verso.

62. Portraits des trois célèbres princes mongols. A droite, Baber ; à gauche, Akhbar et Humaïoun, dans leur jeunesse. Portraits au trait de la plus grande finesse et d'une charmante exécution. Au verso, beaux spécimens de calligraphie persane.

63. Deux portraits de princes dont l'un, Akhbar, est en costume de chasse, un faucon blanc sur le poing.

64. Chah Djehan. Portrait en buste. Fine miniature de cet illustre prince, dans un riche encadrement. Belle inscription, au verso.

65. Un prince mongol et deux serviteurs dont l'un porte son narghileh. Terrasse d'un palais et fond de ciel.

66. Jeune prince en costume blanc, sur fond d'or dans un riche encadrement doré. Au verso, une belle inscription.

67. Portrait en buste d'un prince. Œuvre d'une extrême délicatesse sur fond d'or, dans un encadrement polychrome. Inscription, au verso.

68. Personnage debout exécuté au trait, sauf la tête, très expressive. — Un prince debout en costume blanc. — Inscription au verso.

69. Un prince et un ministre. Deux beaux portraits.

70. Personnage debout, costume à rayures. Inscription au verso.

71. Vingt portraits de princes, de ministres, de derviches, montés par deux dans un encadrement de carton à fond noir. Très fines peintures qui seront vendues séparément.

72. Un prince assis sous un dais fume son narghileh, tandis que deux bayadères lui donnent un concert.

73. Le prince mongol Abdullah Coutb Chah sur son trône.

74. Partie de balle à cheval. — Collation sous une tente. Deux belles miniatures à fond d'or.

75. La balançoire. — L'éclair. Deux pièces.

76. Personnages à cheval dans la campagne. Deux pièces illustrant des scènes d'un poème, intéressantes par les costumes qui sont rendus avec un soin extrême.

77. Danse de derviches autour d'un cyprès. — Troupe de seigneurs
à cheval dans la campagne en fleurs. Deux belles peintures.

78. Scènes d'amour Six pièces à fond de paysages.

79. Scènes dans l'intérieur d'un palais. Trois jolies pièces de style
purement persan.

80. Scènes de roman. Deux pièces de style persan.

81. Huit grandes peintures, sujets tirés d'un poème. Pièces d'un
beau style, finement peintes. Bataille sur mer, combat dans
la cour d'un château. — Scènes dans un palais, poursuite d'un
voleur. Massacre d'un serpent, etc. Encadrement bleu et filets
d'or.
> Ces pièces seront vendues par deux.

82. Quatorze peintures, portraits de femmes, portraits de princes,
scènes diverses.
> Ces pièces seront vendues par deux.

Mythologie hindoue.

83. Vingt-cinq peintures représentant des scènes de la mythologie
hindoue. Les amours de Vichnou, de Rama, de Siva, etc. Belle
collection de miniatures très fines pour la plupart, qui seront
vendues par deux.

Peintures Chinoises

---

84. Portraits de personnages et de dames de la Cour. Onze peintures chinoises sur papier de riz en un album à couverture de soie. Ces peintures, exécutées au XVIIIe siècle, sont d'une extrême finesse. Non seulement les costumes sont traités avec cette précieuse minutie et ce fini extraordinaire qui caractérisent les œuvres les plus soignées de l'école chinoise, mais les visages sont rendus avec une intensité de vie et d'expression qui semble trahir chez l'artiste l'influence des artistes européens que l'empereur Khien Long avait appelés auprès de lui.

85. L'Empereur et l'Impératrice du Céleste Empire, assis sur des trônes. Deux charmantes peintures sur papier de riz, exécutées au commencement du XIXe siècle, œuvres d'un artiste délicat et habile.

86. Le théâtre chinois. Suite de quinze peintures sur papier de riz, représentant des scènes de comédie et de tragédie, avec de nombreux personnages. Œuvre de la première moitié du XIXe siècle.

87. Oiseaux. Cinq peintures sur papier de riz, exécutées avec cette perfection que les artistes chinois et japonais acquièrent par une longue et patiente observation de la nature.

88. Fleurs, insectes et papillons. Six peintures à la gouache sur papier de riz. Première moitié du XIXe siècle.

89. Meubles, vases, ustensiles divers. Six peintures sur papier de riz.

90. Un bateau de plaisance sur une rivière.

91. Scènes de tribunal et supplices. Dix compositions avec de nombreux personnages, gouaches sur papier de riz. Commencement du XIXe siècle.

92. Trois scènes à deux personnages. Peintures assez fines. — Un soldat portant un arc. Jolie pièce.

93. Une dame debout tenant une chaufferette à mains. Belle et curieuse peinture du XVIII° siècle. Pièce fort intéressante.

94. Suite de douze grandes compositions très curieures, peintes vers le commencement de ce siècle et montées en un album grand in-folio. C'est une histoire tragi-comique avec des scènes burlesques, des personnages se tiraillant et se querellant, comme on en voit dans certaines kermesses flamandes, de grands coups de sabre, une fuite éperdue dans la montagne, tout cela plein de mouvement, d'expression et de vie. En somme, une œuvre d'un caractère très spécial, très original, et qui mérite toute l'attention des artistes.

95. Scènes de la vie chinoise.

Trente et une grandes peintures représentant toutes les scènes de la vie en Chine, la naissance, l'école, les fiançailles, le mariage, la maladie, la mort, les funérailles. Intéressantes compositions avec de nombreux personnages finement peints. Ces trente et une peintures sont montées sur papier fort en un album grand in-folio demi-reliure. Elles sont précédées de dix compositions plus petites, montées à deux par page, représentant des Chinois occupés à divers jeux.

96. Vingt-quatre peintures chinoises, les unes à la gouache, les autres à l'encre de Chine. Sujets divers.

Ces deux numéros seront divisés.

Peintures Japonaises

97. Peintures de l'École de Tosa (XVIIe siècle). Quatre albums composés de quarante peintures, représentant des scènes de la vie princière au Japon.

> Œuvre intéressante, exécutée dans le Palais Impérial et qui nous fournit des documents précis sur le costume, le mobilier, les voitures, les barques, les instruments de musique, sur l'architecture et la décoration intérieure, en même temps que sur les mœurs et les plaisirs de l'ancienne Cour du Mikado. Ces peintures sont dans le style habituel de Tosa, avec filets d'or, tons laqués, figures gouachées, semis d'or dans les nuages qui coupent parfois la composition.

98. Vingt-deux peintures japonaises de l'école de Shijo et de l'école Oukiyo-é. Belles pièces avec signatures et cachets d'artistes.

99. Les douze mois de l'année japonaise, représentés par les animaux dont ils portent les noms. Ceux-ci, en costume de Cour, coiffés de l'eboshi, sont traités avec une finesse et une vérité d'expression, qui font songer aux *Animaux peints par eux-mêmes*, de Granville.

> Les douze peintures, exécutées sur soie, sont réunies en un album à coins de cuivre gravé.
> Voici, d'après Appert, l'indication des douze signes (*Ju-ni-shi*), et les noms de nos douze animaux :

Ne, le Rat.	*Muma*, le Cheval.
Ushi, le Taureau.	*Hitsuji*, la Chèvre.
Tora, le Tigre.	*Saru*, le Singe.
U, le Lièvre.	*Tori*, l'Oiseau.
Tatsu, le Dragon.	*Inu*, le Chien.
Mi, le Serpent.	*I*, le Sanglier.

100. Les trente-six poètes célèbres du Japon. Peintures au trait à l'encre de Chine. Belles pièces enlevées d'un vigoureux coup de pinceau, montées en un album grand in-folio, dos de maroquin, plats en papier du Japon.

101. Le Genzi Monogatari. Très intéressante suite de vingt-huit grandes planches de l'École de Tosa peintes au trait à l'encre de Chine et inachevées. Quelques premiers tons ont déjà été ajou-

tés sur certaines planches, mais les ors et les colorations n'ont pas encore été appliqués. C'est donc un document curieux pour l'étude des procédés de préparation des peintres japonais. Chaque planche est accompagnée d'une page de texte en écriture cursive. Le tout relié en un album de format in-folio oblong à dos de maroquin brun, plats en papier japonais.

Boîtes à estampes.

102. Cinq grands portefeuilles-boîtes à estampes en forme de volumes in-folio, à dos de maroquin ou de vélin.

Papyrus égyptien

103. RITUEL FUNÉRAIRE (FRAGMENT), DE L'ÉPOQUE PTOLÉMAÏQUE. —
On y voit Anubis étendant la momie d'un Osiris sur le lit funè-
bre entre Isis et Nephthys agenouillés. Ammon-Khem, généra-
teur, debout, ayant derrière lui Moui léontocéphale, coiffé du
pschent complet, Thoth, ibiocéphale, adorant Osiris assis sur son
trône, derrière lequel Isis se tient debout. Enfin l'hippopotame
d'Oph accroupi sur une base en forme de naos.

Manuscrits tamouls.

103 *bis*. LES KURAL DES TIRUVALLUVAR, le Canon bouddhique de
l'Inde méridionale, le plus célèbre des ouvrages de la littérature
tamoule. — Manuscrit sur feuilles de palmier.

— ÉVANGILE DE SAINT JEAN. — Fragment composé de 12 feuilles
de palmier rognées.

Objets d'Art japonais et chinois

Bronzes.

104. Bouddha bénissant; hauteur 0^m,27.

105. Théière, fond chagriné, oiseaux et feuillages en relief.

106. Suspension à fleurs, décor à dessins géométriques.

107. Brûle-parfums. Tortue marchant, avec une petite tortue sur son dos.

108. Vase, décor vannerie.

109. Trépied, supporté par trois crapauds.

110. Deux vases à bordure de grecque.

111. Brûle-parfums. Canard sur socle en bronze.

112. Crapaud, avec son petit sur le dos, aux prises avec une vipère. Belle pièce.

113. Deux brûle-parfums chimères.

114. Une vipère et un crapaud. Très beau bronze de grande dimension. Signé.

115. Beau vase en bronze, anses têtes d'éléphant.

116. Support en bronze à quatre pieds; hauteur 0^m,38.

117. Vase jardinière, bronze chinois.

118. Grande jardinière, bronze chinois, décorée à l'intérieur de tortues en relief.

Masques.

119. Masques anciens. Dix-neuf masques de très belle qualité.

Objets divers.

120. Harpe japonaise (*koto*) en porcelaine, décor, imitation de bois
doré et émaux polychromes.

121. Pied support en bois.

122. Bouddha en prière. Statue bois; hauteur 0^m,36.

123. Lion de Corée, sculpture en bois.

124. Oiseau sur un tronc d'arbre en fleurs. Bois sculpté et pierre
dure, dans un cadre.

125. Branche d'arbuste en fleurs sur une plaque de marbre, montée
en tsouitate, bois de fer.

126. Bouteille à couverte brune, porte-bouquet et vase porcelaine
blanche.

127. Sceptre de prêtre bouddhiste, émail cloisonné, fond bleu.

128. Plateau émail cloisonné.

129. Deux coupes basses, émail cloisonné. — Coupe basse, décor
polychrome — Porte-bouquet.

Frises décoratives.

EN BOIS SCULPTÉ, PEINT ET DORÉ

130. Quatre belles frises de temple en bois sculpté et doré, fleurs,
feuillages et personnages. Longueur 1^m,70 et 1^m.40.
Ces pièces seront vendues séparément.

Étoffes japonaises

131. Deux portières soie, cigognes volant, fond bleu. Hauteur 3 mètres.

131 *bis*. Étoffe de soie bleu foncé, brodée de dessins bleu et blanc, style chinois (caractère de longévité). 2^m,80 sur 1^m,25.

132. Manteau de bonze, soie verte, brodée d'or, avec pièces ajoutées, suivant les prescriptions rituelles.

133. Manteau de bonze, dessins brodés d'or.

134. Étoffe bleu foncé, ornements en blanc. Carré de 1^m,50.

135. Jolie portière en soie bleue, brodée d'ornements de style chinois, oiseau héraldique, signe de longévité, etc. Hauteur 1^m,70.

136. Étoffe en crêpe de Chine. Broderies polychromes, fleurs e feuillage. Hauteur 2^m,50.

137. Très belle pièce d'étoffe soie rouge, décor chinois dragons brodés et nuages en fil d'or. 3 mètres sur 1^m,70.

Foukousas.

138. Le Sennin à la grue dans les nuages, broderie à fond bleu.

139. Une armoirie, broderie rouge sur fond bleu.

140. Pousses de pins, en noir sur satin bleu à reflets d'argent doublé de satin rouge brodé d'or. Très belle pièce.

141. Légende des Shojos à cheveux rouges, portent une coupe à saké. Broderies polychromes et fil d'or sur satin bleu.

142. Deux carpes, en fil d'argent sur satin bleu.

143. Trois foukousas et une étoffe avec dragon sur fond d'or.

144. Objets omis au Catalogue.

TABLE DU CATALOGUE

	Pages.
Manuscrits arabes, persans et turcs à enluminures	5
Miniatures persanes et indo-persanes.	10
Mythologie hindoue.	14
Peintures chinoises	15
Peintures japonaises.	17
Boîtes à estampes	18
Papyrus égyptien.	19
Manuscrits tamouls	19

OBJETS D'ART JAPONAIS ET CHINOIS

Bronzes	20
Masques.	20
Objets divers	21
Frises décoratives.	21
Étoffes japonaises.	22
Foukousas	22

IMP. CAMIS ET Cⁱᵉ, PARIS. — SECTION ORIENTALE, A. BURDIN, ANGERS.